भजन वाटिका

भजनो का संग्रह

एकता अग्रवाल

Made with ❤ on the Notion Press Platform
www.notionpress.com

क्रम-सूची

क्रम-सूची

भूमिका

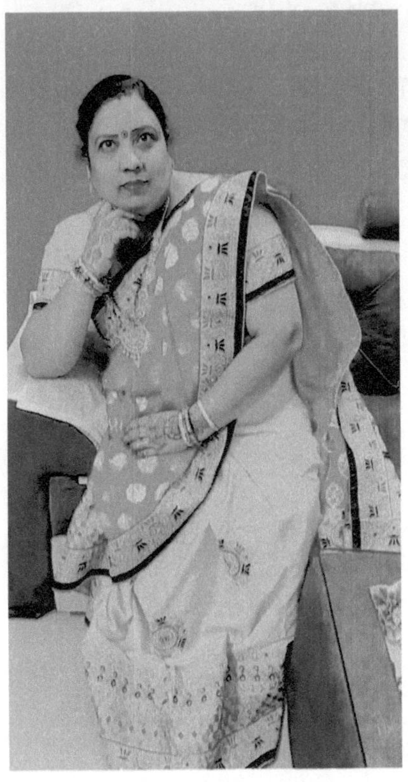

EKTA AGARWAL

लेखिका (एकता अग्रवाल) ने अपना स्नातक हिंदी साहित्य के साथ पूरा किया । जिससे उनकी भक्ति में रूचि भड़ती गई, इसी कारण वश उन्होंने "भक्ति वाटिका" पुस्तक के माध्यम से कई प्रकार के भजनों का न केवल संग्राले अपितु उल्लेख भी किया है ।

यह भजन की पुस्तक हर तरह के मांगलिक कार्यों में प्रयोग की जा सकती है । इस किताब में दिए गए भजन सभी त्योहार पर प्रयोग होते हैं । इसमें दिए गए भजन हमारी संस्कृति एवं सभ्यता करें प्रतीक हैं , जिन्हें हम हर प्रकार के मांगलिक एवं शुभ कार्य में इस्तेमाल कर सकते हैं।

यह पुस्तक उन सभी लोगों के लिए है जिन लोगों को ईश्वर की भक्ति के सागर में डूबना है । ये किताब उन भक्तजनों को समर्पित है जो दिव्य शक्तियों से आध्यात्मिक रूप से मिलना चाहते हैं ।

1

मईया नौ दिन की मेहमान शारदा

मईयानौदिनकीमेहमानशारदा,

बैठीरहीओभवननमें।।

मईयाभूखलगेजबमोसेकहियो ,

मईयाप्यासलगेजबमोसेकहियो ,

हलुआपुड़ियांसिकायदुंगीहालशारदा , बैठी...

औरलेमनमंगाएदुंगीहालशारदा , बैठी...

मईयानौदिनकीमेहमानशारदा ,

बैठीरहीओभवननमें।।

मईयाघुमनकीलगेजबमोसेकहियो ,

मईयातलबलगेजबमोसेकहियो ,

मोटरमंगाएदुंगीहालशारदा , बैठी...

औरवीडामंगाएदुंगीहालशारदा , बैठी..

मईयानौदिनकीमेहमानशारदा ,

बैठीरहीओभवननमें।।

मईयाखेलनकीलगेजबमोसेकहियो ,

मईयानींदलगेजबमोसेकहियो ,

चौपड़बिछाएदुंगीहालशारदा , बैठी ...

औरसेजबिछाएदुंगीहालशारदा , बैठी...

मईयानौदिनकीमेहमानशारदा ,

बैठीरहीओभवननमें।|

❧

2

पवन उड़ा के ले गयी रे मेरी माँ की चुनरिया

पवनउड़ाकेलेगयीरेमेरीमाँकीचुनरिया

उड़उड़करचुनरियाकैलाशपेपहुची

गौराजीकेमनकोभागयीरे

मेरीमाँकीचुनरिया

पवनउड़ाकेलेगयीरेमेरीमाँकीचुनरिया

उड़उड़करचुनरियाअयोध्यामेंपहुची

मातासीताकेमनकोभागयीरे

मेरीमाँकीचुनरिया

पवनउड़ाकेलेगयीरेमेरीमाँकीचुनरिया

उड़उड़करचुनरियागोकुलमेंपहुची

राधाकेमनकोभागयीरे

मेरीमाँकीचुनरिया

पवनउड़ाकेलेगयीरेमेरीमाँकीचुनरिया

उड़उड़करचुनरियाबेकुंडपहुंची

लक्ष्मीकेमनकोभागयीरे

मेरीमाँकीचुनरिया

पवनउड़ाकेलेगयीरेमेरीमाँकीचुनरिया

उड़उड़करचुनरियासत्संगमेंपहुची

भक्तोकेमनकोभागयीरे

मेरीमाँकीचुनरिया

पवनउड़ाकेलेगयीरेमेरीमाँकीचुनरिया

☙

3

मैं तो लाई हूं दाने अनार के

मैंतोलाईहूंदानेअनारके ,

मेरीमैयाकेनोदिनबहारके।।

टेंटवालेतेराक्याजाएगा , मेरीमैयाकादरबारबनजाएगा

मैंतोलाईहूंदानेअनारके , मेरीमैयाकेनोदिनबहारके।।

बिजलीवालीतेराक्याजाएगा,
मेरीमैयाकामंदिरजगमगायेगा

मैंतोलाईहूंदानेअनारके , मेरीमैयाकेनोदिनबहारके।।

फूलवालेतेराक्याजाएगा , मेरीमैयाकाभवनसजजाएगा

मैंतोलाईहूंदानेअनारके , मेरीमैयाकेनोदिनबहारके।।

कपड़ेवालेतेराक्याजाएगा , मेरीमैयाकाश्रृंगारहोजाएगा

मैंतोलाईहूंदानेअनारके , मेरीमैयाकेनोदिनबहारके।।

मिठाईवालेतेराक्याजाएगा ,
मेरीमैयाकाभोगलगजाएगा

मैंतोलाईहूंदानेअनारके , मेरीमैयाकेनोदिनबहारके।।

౭

4

आज सोमवार है , खुला दरबार है

आजसोमवारहै , खुलादरबारहै

आजामेरीशेरोवाली , तेराइंतजारहै।।

मैयाकेद्वारेअंधापुकारे , अंधेकोआंखदेदोमां ..

मैयाकेद्वारेकानापुकारे , कानेकोकानदेदोमां ..

तेराहीउपकारहै , तेराचमत्कारहै

सच्चेमनसेजोकोईध्यावे , उसकाबेड़ापारहै

आजसोमवारहै .. ।।

मैयाकेद्वारेलूलापुकारे , लूलेकोहाथदेदोमां ..

मैयाकेद्वारेलंगड़ापुकारे , लंगड़ेकोटांगेदेदोमां ..

तेराहीउपकारहै , तेराचमत्कारहै

सच्चेमनसेजोकोईध्यावे , उसकाबेड़ापारहै

आजसोमवारहै .. ।।

मैयाकेद्वारेकन्यापुकारे , कन्याकोघरभरदेदोमां ..

मैयाकेद्वारेनिर्धनपुकारे , निर्धनकोधनदेदोमां ..

तेराहीउपकारहै , तेराचमत्कारहै

सच्चेमनसेजोकोईध्यावे , उसकाबेड़ापारहै

आजसोमवारहैखुलादरबारहै ,

आजामेरीशेरोवालीतेराइंतजारहै।।

❧

5
पीले पीले चावल खाए गई रे

पीलेपीलेचावलखाएगईरे , शेरोंवालीमैया ||

भक्तोंनेपूछामैयाक्यातुम्हाराधामहै ,

वैष्णोदेवीबताएगईरे , शेरोवालीमैया ||

भक्तोंनेपूछामैयाक्यातुम्हारानामहै ,

दुर्गामैयाबताएगईरे , शेरोवालीमैया ||

भक्तोंनेपूछामैयाकौनतुम्हारेसंगहै ,

लंगुरबीरबताएंगईरे , शेरोवालीमैया ||

भक्तोंनेपूछामैयाक्यातुम्हाराश्रृंगारहै ,

लालचुनरियाबताएंगईरे , शेरोवालीमैया ||

भक्तोंनेपूछामैयाक्यातुम्हाराभोगहै ,

हलवापूरीबताएंगईरे , शेरोवालीमैया ||

৩

6

मंदिर से दौड़ी चली आऊंगी

मंदिरसेदौड़ीचलीआऊंगी , कोईदिलसेपुकारे।।

पहलासंदेशामेरेरामाकाआया ,

रामाकाआया , धनुषधारीकाआया,

सीताकारूपधरआऊंगी , कोईदिलसेपुकारे।।

दूजासंदेशामेरीश्यामाकाआया ,

श्यामाकाआया , बंसीवालेकाआया ,

राधाकारूपधरआऊंगी , कोईदिलसेपुकारे।।

तीजासंदेशामेरेभोलेकाआया ,

भोलेकाआया , डमरूवालेकाआया ,

गौराकारूपधरआऊंगी , कोईदिलसेपुकारे।।

चौथासंदेशामेरेविष्णुकाआया ,

विष्णुकाआया , चक्रधारीकाआया ,

लक्ष्मीकारूपधरआऊंगी , कोईदिलसेपुकारे।।

पांचवासंदेशामेरेभक्तोंकाआया ,

भक्तोंकाआया , मेरेभक्तोंकाआया ,

कन्याकारूपधरआऊंगी , कोईदिलसेपुकारे

मंदिरसेदौड़ीचलीआऊंगी , कोईदिलसेपुकारे ॥

7

अंबे कहा जाए ,
जगदंबे कहा जाए

अंबेकहाजाए , जगदंबेकहाजाए ,

बोलमेरीमैयातुम्हेंक्याकहाजाए।।

मैंनेसोनेकाटीकाबनवाया , मेरीमांकोपसंदनहींआया

मैंनेसोनेकेझालेबनवाए , मेरीमांकोपसंदनहींआए

वोतोफूलोंवालाटीका , वोतोफूलोंवालेझालेपसंदआए

अंबेकहाजाए , जगदंबेकहाजाए...।।

मैंनेसोनेकाहरवाबनवाया , मेरीमांकोपसंदनहींआया

मैंनेसोनेकाकंगनबनवाया , मेरीमांकोपसंदनहींआया

वोतोफूलोंवालाहरवा , वोतोफूलोंवालेकंगनापसंदआए ,

अंबेकहाजाए , जगदंबेकहाजाए...||

मैंनेबनारसकीसाड़ीबनवाई , मेरीमांकोपसंदनहींआई

मैंनेबनारसकीचुनरीबनवाई , मेरीमांकोपसंदनहींआई

वोतोघोटेवालीसाड़ी , वोतोघोटेवालीचुनरीपसंदआई ,

अंबेकहाजाए , जगदंबेकहाजाए....||

8

कभी दुर्गा बन के ,
कभी काली बन के

कभीदुर्गाबनके , कभीकालीबनके ,

चलीआनामैयाजीचलीआना।।

तुमब्रह्मचारिणीरूपमेंआना ,

भक्तिहाथलेके , शक्तिसाथलेके

चलीआनामैयाजीचलीआना।।

तुमदुर्गारूपमेंआना ,

सिंहसाथलेके, चक्रहाथलेके

चलीआनामैयाजीचलीआना।।

तुमकालीरूपमेंआना,

खप्परहाथलेके, योगिनसाथलेके

चलीआनामैयाजीचलीआना।।

तुमशीतलारूपमेंआना,

झाड़ूहाथलेके, गधासाथलेके

चलीआनामैयाजीचलीआना।।

तुमगौरारूपमेंआना,

मालाहाथलेके, गणपतसाथलेके

चलीआनामैयाजीचलीआना।।

☙

9

हो रही जय जयकार
मां के मंदिर में

होरहीजयजयकारमांकेमंदिरमें ||

लाललालमेरीमांकाटीका ,

हींगुरकारंगलाल , मांकेमंदिरमें ||

लाललालमेरीमांकेझाले ,

बिंदियाकारंगलाल , मांकेमंदिरमें ||

लाललालमेरीमांकाहरवा ,

लालीकारंगलाल , मांकेमंदिरमें ||

लाललालमेरीमांकीचूड़ी ,

मेहंदीकारंगलाल , मांकेमंदिरमें ||

लाललालमेरीमांकीतगड़ी ,

नखुनीकारंगलाल , मांकेमंदिरमें ||

लाललालमेरीमांकीपायल ,

महावरकारंगलाल , मांकेमंदिरमें ||

लाललालमेरीमांकीसाड़ी ,

चुनरीकारंगलाल , मांकेमंदिरमें ||

10

आज तो बधाई बाजे, मां के भवन में

आजतोबधाईबाजे , मांकेभवनमें

ढोलनगाड़ेनौबतबाजे , मांकेभवनमें

हरो-हरोगोवरआंगनलेपे , मांकेभवनमें

मोतियनचौकपूजेजावे , मांकेभवनमें

स्वर्णकलशगंगाजललाए , मांकेभवनमें

कोईछत्तीसोंव्यंजनलाए , मांकेभवनमें

सतीसुहागनमेहंदीपीसे , मांकेभवनमें

ब्रह्माविष्णुध्यानलगावे , मांकेभवनमें

शैलमहेशउच्चारणजय-जय , मांकेभवनमें

पांचोपांडवभवनरचावे , मांकेभवनमें

अर्जुनयोद्धाचंवरदुलारे , मांकेभवनमें

नारदसारदकरेंआरती , मांकेभवनमें

वीरलंगुरियापहरादेते , मांकेभवनमें

महेशभरतन्योछावरहोते , मांकेभवनमें

आजतोबधाईबाजे , मांकेभवनमें।।

11

मारी मारी है बछेड़ा ने लात लंगुरिया

मारीमारीहैबछेड़ानेलातलंगुरिया ,
चुनरियाकेचारोंपल्लेफटगए ॥

मेरेससुरसुनेंगेमोसेकछुनकहेंगे ,
मेरीसासबड़ीहैजुलहारलंगुरिया

चुनरियाकेचारोंपल्लेफटगए ॥

मेरेजेठसुनेंगेमोसेकछुनकहेंगे ,
मेरीजेठानीबड़ीहैजुलहारलंगुरिया

चुनरियाकेचारोंपल्लेफटगए ॥

मेरेदेवरसुनेंगेमोसेकछुनकहेंगे ,
मेरीदेवरानीबड़ीहैजुलहारलंगुरिया

चुनरियाकेचारोंपल्लेफटगए ||

मेरेनंदोईसुनेंगेमोसेकछुनकहेंगे ,
मेरीनंदबड़ीहैजुलहारलंगुरिया

चुनरियाकेचारोंपल्लेफटगए ||

मेरेबेटेसुनेंगेमोसेकछुनकहेंगे ,
मेरीबहुएंबड़ीहैजुलहारलंगुरिया

चुनरियाकेचारोंपल्लेफटगए ||

12

मेरी गोद में लक्ष्मण राम लंगुरिया

मेरीगोदमेंलक्ष्मणरामलंगुरिया ,
भवनमेंछेड़खानीमतकरियो

मेरेससुरसुनेंगेमोसेकछुनाकहेंगे ,
मेरीसासकरेगीबदनामलांगुरिया

भवनमेंछेड़खानीमतकरियो

मेरेजेठसुनेंगेमोसेकछुनाकहेंगे ,
मेरीजेठानीकरेगीबदनामलांगुरिया

भवनमेंछेड़खानीमतकरियो

मेरेदेवरसुनेंगेमोसेकछुनाकहेंगे ,
मेरीदेवरानीकरेगीबदनामलांगुरिया

भवनमेंछेड़खानीमतकरियो

मेरेनंदोईसुनेंगेमोसेकछुनाकहेंगे ,
मेरीनंदकरेगीबदनामलांगुरिया

भवनमेंछेड़खानीमतकरियो

मेरेराजासुनेंगेमोसेकछुनाकहेंगे ,
संगअपनेमुझेलेजायेंगेलांगुरिया

भवनमेंछेड़खानीमतकरियो

৹৹

13

मक्का वो दई बारह बीघा में

मक्कावोदईबारहबीघामें, भईनाभुटियारेभईनभुटिया।।

सासससुरतोघरमेंसोहे , देदेदटिया

हमलंगुरबाहरमेसोहे , लेलेलठिया

जेठजेठानीतोघरमेंसोहे , देदेदटिया

हमलंगुरबाहरमेसोहे , लेलेलठिया

देवरदेवरानीतोघरमेंसोहे , देदेदटिया

हमलंगुरबाहरमेसोहे , लेलेलठिया

नंदनंदोईतोघरमेंसोहे , देदेदटिया

हमलंगुरबाहरमेसोहे , लेलेलठिया

बहूबेटातोघरमेंसोहे , देदेदटिया

हमलंगुरबाहरमेसोहे , लेलेलठिया

॰॰

14

मटका फूट गए यो मोटर में

मटकाफूटगएयोमोटरमें , प्यासीरहगईलांगुरिया।।

सासहमारीचढ़ीअटरियाससुराजोड़ेहाथ

उतरउतरपरमेश्वरीमैंनेतोईपरबोलीजात ||

जेठानीहमारीचढ़ीअटरियाजेठाजोड़ेहाथ

उतरउतरपरमेश्वरीमैंनेतोईपरबोलीजात ||

देवरानीहमारीचढ़ीअटरियादेवरजोड़ेहाथ

उतरउतरपरमेश्वरीमैंनेतोईपरबोलीजात ||

ननंदहमारीचढ़ीअटरियानंदोईजोड़ेहाथ

उतरउतरपरमेश्वरीमैंनेतोईपरबोलीजात ||

बहूहमारीचढ़ीअटरियाबेटाजोड़ेहाथ

उतरउतरपरमेश्वरीमैंनेतोईपरबोलीजात ||

৩

15

चटर की मटर करैगो, लांगुरिया

चटरकीमटरकरैगो , लांगुरिया

मेरीचटरकीमटरकरैगो।।

जापारदेखेमाथेकीबिंदिया , जापारदेखेनाकनथुनिया

अरेजापारदेखेमाथेकीबिंदियावापैचोटधरेगौ

जापारदेखेहरीहरीचूड़ियां , जापारदेखेकेसोनेकेकंगना

अरेजापारदेखेहरीहरीचूड़ियांवापैचोटधरेगौ

जापरदेखेंलालचुनरिया , जापारदेखेंकानोंकेझाले

अरेजापारदेखेंकानोंकेझालेवापैचोटधरेगौ

जापारदेखेंपैरोंकीपायल , जापारदेखेंपैरोंकेबिछुए

अरेजापारदेखेंपैरोंकीपायलवापैचोटधरेगौ

❧

16

दो दो जोगनी के बीच , अकेलो लांगुरिया रे

दोदोजोगनीकेबीच , अकेलोलांगुरियारे ..।।

पहलीजोगनीयूकहे , मोहेटीकालादेमोल

दूजीजोगनीयूकहे , मोहेझालेलादेमोल

लावेगोतोपहनूंगी , नहींकरूंभवनमेंशोर

पहलीजोगनीयूंकहें , मोहेहारलादेमोल

दूजीजोगनीयूंकहे , मोहेचूड़ीलादेमोल

लावेगोतोपहनूंगी , नहींकरूंभवनमेंशोर

पहलीजोगनीयूंकहे , मोहेपेटीलादेमोल

दूजीजोगनीयूंकहेमोहेपायललादेमोल

लावेगोतोपहनूंगीनहींकरूंभवनमेंशोर

पहलीजोगनीयूंकहें , मोहेसाड़ीलादेमोल

दूजीजोगनीयूंकहेचुंदरीलादेमोल

लावेगोतोपहनूंगीनहींकरूंभवनमेंशोर

☙

17

कैला मइया के भवन में घुट्‌अन खेले लांगुरिया

कैलामइयाकेभवनमेंघुट्‌अनखेलेलांगुरिया,

कैलामइयाकेभवनमेंसरपटडोलेलांगुरिया

रामश्यामसबकोईकहेऔरकोईदशरथकहेनकोय,

एकबारदशरथकहेतोकोटियज़फलहोय

कैलामइयाकेभवनमेंघुट्‌अनखेलेलांगुरिया।।

सीतापथकीकोठरीऔरचंदनलगेकिवाड़ ,

तालेलगेप्रेमके , खोलोकृष्णमुरार

कैलामइयाकेभवनमेंघुटुअनखेलेलांगुरिया।।

चित्रकूटकेघाटपे , भइसंतनकीभीर,

तुलसीदासचन्दनघिसतऔरतिलकदेतरघुबीर।

कैलामइयाकेभवनमेंघुटुअनखेलेलांगुरिया।।

৩

18

कंचन महल बने देवी के चल के देखो लांगुरिया

कंचनमहलबनेदेवीकेचलकेदेखोलांगुरिया ,

केचलकेदेखोलांगुरिया , केभजकेदेखोलांगुरिया।।

मइयातेरीगैलमेंलंबोपेड़खजूर ,

वापैचडकेदेखियोमेरीमइयाकितनीदूर

कंचनमहलबनेदेवीकेचलकेदेखोलांगुरिया ।।

मइयातेरीगैलमेंऊंचेनीचेपहाड़ ,

वापैचड़केदेखियोमेरीमइयाकोदरबार

कंचनमहलबनेदेवीकेचलकेदेखोलांगुरिया ||

मइयातेरीगैलमेंबड़ोभुजंनीनाग

लोटेपीटेफनकरैऔरसर्रविलेमेंजाए

कंचनमहलबनेदेवीकेचलकेदेखोलांगुरिया ||

मइयातेरीगैलमेंचारजोगिनीजाएं

दोगोरीदोसांवरीऔरजोड़ीबिछड़ीजाए

कंचनमहलबनेदेवीकेचलकेदेखोलांगुरिया ||

19

छमा छम पूजन चले हनुमान को

छमाछमपूजनचलेहनुमानको।

छमाछमपूजनचलेहनुमानको।।

पीलेपीलेकपड़ेमेरेरामलक्ष्मणके,

लाललाललंगोटाहनुमानको

छमाछमपूजनचलेहनुमानको।।

धनुषबाँणमेरेरामलक्ष्मणके,

लाललालसोटाहनुमानको

छमाछमपूजनचलेहनुमानको।।

लड्डूकचौड़ीमेरेरामलक्ष्मणके ,

बूंदीकालड्डूहनुमानको

छमाछमपूजनचलेहनुमानको।।

दूधोंकेकुल्लड़मेरेरामलक्ष्मणके ,

बूरेकाशरबतहनुमानको

छमाछमपूजनचलेहनुमानको।।

सोनेकासिंघसानमेरेरामलक्ष्मणके ,

छोटासाआलाहनुमानको

छमाछमपूजनचलेहनुमानको।।

छमाछमपूजनचलेहनुमानको।।

• ৩ •

20

मेरी आंवला की मेहंदी राचनी

मेरीआंवलाकीमेहंदीराचनी , महामाईकीमेहंदीराचनी

रचेहैंभक्तनकेहाथ , हमनेपूछीउनसेबात

भक्तनकहांरचाएहाथ , हमतोगएभवनकेपास

हमनेसुतेलंबेपात , हमनेगायोसबरीरात

हमनेबजायोसबरीरात , ढोलकपीटीसबरीरात

हमनेवहींरचाएहाथ , हमरेरचगएदोनोंहाथ

मेरीआंवलाकीमेहंदीराचनी।।

रचीबड़ीबुढ़िनकेहाथ , हमनेपूछीउनसेबात

भक्तनकहांरचाएहाथ , हमतोगएभवनकेपास

हमनेसुतेलंबेपात , हमनेगायोसबरीरात

हमनेबजायोसबरीरात , ढोलकपीटीसबरीरात

हमनेवहींरचाएहाथ , हमरेरचगएदोनोंहाथ

मेरीआंवलाकीमेहंदीराचनी।।

21

मात ज्वाला कर उजियाला

मातज्वालाकरउजियाला , तेरीज्योतजगाऊँ,

तेरेदरबारआके , बनकेतेरेचरणोंकासेवक,

मुँहमाँगावरपाऊँ , तेरेदरबारआके ||

माँअम्बेरानिये , कितनाप्यारातेराधामहै,

हरदुःखसेदूरहैवो , जिसकीजुबांपेतेरानामहै,

मोहमायाको , मोहमायाकोमनसेभगाके,

तेराध्यानलगाऊं, तेरेदरबारआके ||

तुमहोवरदानीमैया, वरदेदेकरदेपूरीआसतू,

मनकाअँधेराहरले, ज्योतिकाकरदेमाँप्रकाशतू,

चरणोंमेंतेरेउम्रगुजारूं, रंगमेंतेरेरंगजाऊँ,

तेरेदरबारआके, तेरेदरबारआके।।

तेरेहीदरपेमिलती, हरदुखियारेकोमाँओटहै,

क्योंहैठुकरायामुझको, कैसीसरलमेंबोलोखोटहै,

इसलखखाकी, इसलखखाकीसुनेनाकोई,

तुझकोआनसुनाऊं, तेरेदरबारआके ||

बनकेतेरेचरणोंकासेवक, मुँहमाँगावरपाऊँ,

तेरेदरबारआके , तेरेदरबारआके ||

❧

22

आओ भोग लगाओ मेरी मैया

आओभोगलगाओमेरीमैया ||

सबबहनोंकेसाथमेंआना , ऊंचेसिंहासनबैठोमेरीमैया

गंगाजलशरणधुलाओमेरीमैया ||

लालहैछोलामैयालालचुनरिया ,
लालसिंदुरवालगाओमेरीमैया

आओभोगलगाओमेरीमैया ||

पहलाभागमेंतुम्हेंलगाऊं, पीछेजूठनखाओमेरीमैया

आओभोगलगाओमेरीमैया ||

पानसुपारीध्वजानारियल, पहलीभेंटचढ़ाऊंमेरीमैया

आओभोगलगाओमेरीमैया ||

ऐसाभोगलगाओमेरीमैया, सबअमृतहोजाएमेरीमैया

आओभोगलगाओमेरीमैया ||

जोकोईइसभोगकोखाए, सोहीतेराहोजाएमेरीमैया

आओभोगलगाओमेरीमैया ||

23

तूने सारी कमाई गवाई रसिया

तूनेसारीकमाईगवाईरसिया ,
अदालतमेंदावाकरुँगीरसिया ॥

होटलकाखानातुझेखानेनादूंगी ,
तुझेमक्काकीरोटीखवावूरसिया

अदालतमेंदावाकरुँगीरसिया ॥

दारुकीबोतलतुझेपीनेनादूंगी ,
तुझेकॉलड्रिंककीबोतलपिलाऊरसिया

अदालतमेंदावाकरुँगीरसिया ॥

मखमलकेगद्देतुझेसोनेनादूंगी ,
तुझेधरतीपेलेटसुलाऊरसिया

अदालतमेंदावाकरुंगीरसिया ||

तूनेसारीकमाईगवाईरसिया ,
अदालतमेंदावाकरुँगीरसिया ||

☙

24

कृष्ण लगावे बेड़ा पार नइया डूबी जाए

कृष्णलगावेबेड़ापारनइयाडूबीजाए

पहलाबधायाससुरघरआयो , सासनेलियोभरगोद

नइयाडूबीजाए , कृष्णलगावेबेड़ापारनइयाडूबीजाए

दूजाबधायाजेठघरआयो , जेठानीनेलियोभरगोद

नइयाडूबीजाए , कृष्णलगावेबेड़ापारनइयाडूबीजाए

तीजोबधायादेवरघरआयो , देवरानीनेलियोभरगोद

नइयाडूबीजाए , कृष्णलगावेबेड़ापारनइयाडूबीजाए

चौथाबधायानंदोईघरआयो , नंदनेलियोभरगोद

नइयाडूबीजाए , कृष्णलगावेबेड़ापारनइयाडूबीजाए

पांचवाबधायाबेटाघरआयो , बहुनेलियोभरगोद

नइयाडूबीजाए , कृष्णलगावेबेड़ापारनइयाडूबीजाए

❧

25

बधाये लिए अंगना लिपाई रखती रे

बधायेलिएअंगनालिपाईरखतीरे।।

जोमैंऐसाजानतीससुरजीआवे

आजससुरलिएहुक्काभरायेरखतीरे।।

जोमैंऐसाजानतीजेठजीआवेआज

जेठलिएभैंसबंधाएरखतीरे।।

जोमैंऐसाजानतीदेवरजीआवेआज

देवरलिएगेंदमंगाएरखतीरे।।

जोमैंऐसाजानतीनंदोईजीआवेआज

नंदोईलिएरंगघुलाएरखतीरे।।

जोमैंऐसाजानतीसजनजीआवेआज

सजनलिएसेजबिछाएरखतीरे।।

बधायेलिएअंगनालिपाईरखतीरे।।

౧